그리운 날엔
당신이
시가 된다

그리운 날엔 당신이 시가 된다

초판 1쇄 발행 2021년 10월 25일

지은이 한두선
펴낸이 장현수
펴낸곳 메이킹북스
출판등록 제 2019-00000010호

디자인 이설
편집 이설
교정 강인영
마케팅 김예지

주소 서울특별시 금천구 가산디지털1로 142, 312호
전화 02-2135-5086
팩스 02-2135-5087
이메일 making_books@naver.com
홈페이지 www.makingbooks.co.kr

ISBN 979-11-6791-029-5 (03810)
값 13,000원

ⓒ 한두선 2021 Printed in Korea

잘못된 책은 구입하신 곳에서 바꾸어 드립니다.
이 책의 전부 또는 일부 내용을 재사용하려면 사전에 저작권자와 펴낸곳의 동의를 받아야 합니다.

 홈페이지 바로가기

메이킹북스는 저자님의 소중한 투고 원고를 기다립니다.
출간에 대한 관심이 있으신 분은 making_books@naver.com로 보내 주세요.

그리운 날엔 당신이 시가 된다

| 한두선 시집 |

메이킹북스

목차

1부 네가 꽃인 줄은

감꽃	12
꾀보 언니	13
거미줄	14
새 달력	15
거울 앞에서	16
희망	17
딸에게 1	18
딸에게 2	20
딸에게 3	22
가족	23
내 삶의 용기인 딸에게…	24
네가 꽃인 줄은	26

할머니의 나이테	27
이야기 주머니	28
이야기 날개	29
밸런타인데이	30
할머니가 보았다	31
두 팔로 막았다	32

2부 나에게

봄 오는 길	36
유채꽃 나들이	37
동무 생각	38
봄꽃	40
계절과 나	42
칠월에는	43
달	44
간이역	45
비	46
기다림	47

나에게	48
눈물 초 1	49
또 가을날에	50
새벽길	51
나를 만난다	52
전어랑 꽃게랑	53
시	54
산마을	55

3부 사랑아 1

사랑아 1	58
미안하오	59
길	60
애심	61
세월	62
너를 만난다	63
너의 향기	64
독백	65
눈물계	66

어떤 이별	68
허무	69
전화벨 소리	70
작별	71
눈물 초 2	72
배려	73
내가 사랑하는 당신은	74
등불	75
그대 향기	76
가로등	77
그리움 1	78
그리움 2	80

4부 사랑아 2

천상 재회	84
아지랑이	85
안녕하냐고?	86
가을이 준 선물	87
첫눈	88

주소를 다오	89
사랑아 2	90
감사	91
숲의 유혹	92
첫 기일忌日	94
날갯짓	95
그날	96
하늘과 땅 사이	98
당신은 오지 않는다	101

5부 은빛 풍경

은빛 풍경 1	104
은빛 풍경 2	106
은빛 풍경 3	107
은빛 풍경 4	108

-시인의 말-
사랑아, 보이시나요?	110

그리운 날엔 당신이 시가 된다

1부
네가 꽂인 줄음

감꽃

동네에 딱 하나뿐인 우리 집 감나무
간밤에 바람이 거칠게 불어대더니
감꽃들이 우두둑 떨어졌다
안마당으로 눈처럼 하얗게

눈 비비고 달려온 동네 아이들
꽃목걸이를 만들고 싶어
떨어진 감꽃 주우러 대문 밖에서 웅성웅성

"야들아, 마당에 떨어진 꽃이 더 예쁘다!"
대문을 활짝 열어 주며 감꽃처럼 웃던 우리 엄마
넉넉한 그 마음이 감꽃처럼 그립다

꾀보 언니

손님이 다녀가신 날
눈을 뜨니 머리맡에 하얀색 사탕 3개
말하지 않아도 내 몫

언니는 분홍색 혓바닥을 보이며
메롱 메롱
초록색 혀를
날름날름

하얀 사탕 한 알 먹고 거울 보며 메롱 메롱
또 하나 먹고 거울 보며 날름날름
나는 왜 분홍색 메롱이 되지 않을까?
나는 왜 초록색 날름이 되지 않을까?

언니의 재주가 신기했다
언니가 되면 하얀 사탕으로도 분홍 메롱이 되고
초록 날름이 되는 줄 알았다
빨리 커서 언니가 되고 싶었다

거미줄

피마자 잎사귀에 구슬이 달렸다네

온갖 색을 다 품은 무지갯빛이라네

어서 가서 보지 않으면 다른 동네로 가버린다네

엄마는 달콤한 귓속말로 아침잠을 깨웠다

밥 먹기 전 몸에 깔린 잠 씻어내는

지혜로운 엄마의 아침잠 깨우기

시린 눈을 부비며 텃밭으로 가보니

거미줄 사이마다 촘촘히 박힌 구슬

눈부신 지구 하나 걸려 있었다

보고 또 본다

다른 동네로 날아가기 전에

피마자 잎사귀 위에 달린 지구 하나

내일 아침 다른 동네로 날아가기 전에

보고 또 봐야지

피마자 잎사귀 위에 찾아온 무지개 한 송이

새 달력

365일 흐르는 시계 밑에
이름표를 달았다
어머니 모시옷처럼
봄 여름 가을 겨울
정갈한 하루하루 꿈꾸며 새해를 맞았다
무수한 시간들이 잘 익어가기를…
알알이 여문 열매 손안에 쥐고 싶다

거울 앞에서

나는 아는 게 없어요
내세울 그 무엇도 없고요
다만 오늘을 받아들일 여유밖에 없어요

동그란 의자는 하나 있어요
가끔씩 당신을 초대하고 싶은
당신과 마주 앉아 더운 차도 나누고 싶은

보이지 않는 곳에
작은 텃밭 하나 가꾸고 있다는 건 아시는지요?

가끔 눈썹 위에 시심詩心을 그려 보고요
입술 위에 미소도 피워 보지요

오른손으로 청한 악수를 왼손으로 받는
당신은 언제나 장난꾸러기

희망

푸른 새벽을 달린다
잠 깨는 가로수 길을 질러
숨찬 가슴의 고동 들으며

첩첩이 다가오는 너의 내일을 위해
아직은 네 곁에 머물고 싶은 나를 위해
우리의 하루는 이렇게 시작한다

나의 희망아!
내가 사는 이유여!

딸에게 1

너는 한 송이 어여쁜 꽃송이지
어미의 간절한 기도 사다리 타고 오르는
넝쿨 장미지

바람 불어 넘어질까
비에 젖어 떨어질까
가슴 졸이며 지켜본 열두 해였어

이제 네 발은 땅 냄새 알고
사다리 붙잡을 두 손도 생겼구나
햇빛 속에서 빨강 노랑
너의 빛깔도 찾았구나
대견스럽기도 하여라

나의 아가야!
네가 오른 사다리는 높기만 하여
네가 피울 꽃송이는 많기도 하여
어미는 오늘도 네 발밑에 거름을 묻는다

한 송이씩 한 송이씩
네가 피운 꽃송이가 세상을 밝혀주는
꽃 등불 되라고
네가 흘린 땀방울이 세상을 적셔주는
단비가 되라고

그리고
내 자랑스러움 되라고

딸에게 2

태어나기 전부터 이미 꽃이었던 아이

눈부신 햇살 아래 넓은 운동장
수많은 매스 게임이 끝나고
내 이름이 스피커를 타고 울려 퍼졌지

높은 계단 뛰어올라 시상대에 오르니
번쩍번쩍 여기저기 플래시가 터지고

뚝딱, 내 앞에 떨어진 사진 한 장
북두칠성 일곱 별이 웃고 있었지
누군가 일곱 별 중 가장 빛나는 별 하나를 가리켰어
"이게 바로 너란다"

사진을 가슴에 품고 한 아름 꽃다발을 안고
파도 소리 같은 박수 받으며 시상대를 내려왔지

저 먼 별나라에서 시골 운동장으로
운명의 끈을 타고 네가 찾아왔던 그 경이로운 순간

아가야, 너는 장미 넝쿨 가득한 엄마의 정원
아가야, 너는 별밤이 내려준 오로라의 향연
아가야, 너를 안으면 아직도 그날의 꽃향기가 난다

딸에게 3

밝고 투명한 신록의 아침에 만났다
초록 하나 비밀처럼 가슴에 스며들었다
그날부터 엄마의 가슴은 비밀의 화원
초록빛에 둘러싸인 비밀의 화원

초록아, 나의 초록아
소곤소곤 너를 불렀지
초록아, 나의 초록아
초록은 너의 태명이었지

지금도 귀 기울이면
내 가슴을 여리게 두드리던 목소리
초록아, 나의 초록아!

가족

산타가 보내준 눈부신 종합 선물

내 삶의 용기인 딸에게…

아빠는 너를 보물이라 불렀다
엄마는 너를 사랑이라 불렀다
철없던 소년과 소녀는 스물다섯에
아빠가 되고 엄마가 되어
참 많이도 서툴고
참 많은 시행착오도 겪었지만
그래도
너 하나에게만은 세상 귀함 다 주고픈 부모였다

다른 아이들이 가까이하기 싫어하는 친구 손도 덥석 잡고
밥 달라고 오던 너였다
구부정한 할머니가 길을 멈춰 쉬어가면 내 치맛자락 톡톡
당겨 셋이 앉아 요구르트도 먹었다

너는 그런 아이였다
네가 도울 수 있는 이는 지나치지 못하고
네가 줄 수 있는 건 아낌없이 나누어야 하는

아무리 힘든 것도 너에게 가면 빛이 되었다

웨딩드레스 입은 네 손을 잡고 걸어갈
아빠를 대신해
친구들이 다 같이 입장해서 네 손을 넘겨줄 거라 했다는 날
평생 너에게 줄 수 있는 게 사랑뿐이라 미안했던 엄마는
가슴 한편 쓸어내리며 아빠에게 고마웠다
아빠의 착한 심성을 그대로 가진 너라서
아빠의 좋은 부분을 빼닮은 너여서
너와 네 주변을 채우는 사랑에 감사했다

아빠의 보물 엄마의 사랑인 우리 딸
언제 어느 곳에서든 너는 아빠 엄마의 귀한 사랑이야
이제는 더 많은 이들의 보물이 되고 사랑이 되어 빛나렴

네가 꽃인 줄은

네가 꽃인 줄은 진작 알았지
방 한가운데 피는 꽃이라
'방중화房中花'라 하는 것도 진작 알았어
이야기 할머니가 되기 전부터

이야기를 듣는 순간
네가 꽃이 되는 건 처음 알았어
'한 번 더' '한 번 더' 조를 때마다
활짝 피어나는 어여쁜 꽃들아
이야기 할머니가 되기 전엔 몰랐던

네 마음 밭에 심어주는
이야기 한 톨로
마음이 아름다워진다면
이야기 한 톨로
꿈이 자란다면
꿈속에서도 이야기를 외우는
내 이름은 이야기 할머니

할머니의 나이테

진분홍 저고리 입고 거울 앞에 선다
마음 가득 사랑 담아서 거울에게 웃어본다
'할머니 예쁘다!'
쏟아져 나오는 환한 목소리
'정말 할머니 예쁘니?'
거울에게 묻고 또 묻는 할머니의 새 아침

진분홍 저고리 입고 교실 문을 열면
'이야기 할머니, 새해 복 많이 받으세요'
복 받아라 터져 나오는 환한 목소리
진분홍 저고리 입을 때마다
한 살씩 늘어가는 할머니의 나이테

이야기 주머니

"할머니 이야기는 어디서 나와요?"
"할머니 가슴엔 커다란 이야기 주머니가 들어있단다."
알사탕처럼 동그란 눈망울들이 반짝 빛난다
"다음에는 어떤 이야기를 하실 거예요?"
"할머니도 몰라. 어떤 이야기 씨앗이 짜잔~ 하고 터질지."
말이 채 끝나기 전에 쪼르르 달려 나와 속삭인다
"이야기 주머니 한번 만져보고 싶어요."
고사리 손 하나가 눈 한번 깜박하는 순간
할머니 가슴을 스치듯 지나간다
하루 종일 손 하나 목소리가 동글동글 방 안을 맴돈다

이야기 날개

나비만 가지고 있는 것이 아니야
할머니의 이야기 세상으로 가면
어깨에 날개가 돋는다

이야기 등을 타고 저 먼 별나라로
호랑이 등을 타고 먼 먼 옛날로

눈 깜박할 사이에
할머니가 달아주는 이야기 날개
어디든 날아가는 이야기 날개

밸런타인데이

"할머니, 남자 친구 있어요?"
"그럼, 있지."
"초콜릿 선물도 받았어요?"
"받았어."
"몇 개요?"
"1년에 한 개씩! 벌써 40개나 받았네."
40개란 말에 아이들의 입이 쩌억 벌어진다
우와, 초콜릿 40개나!
할머니도 입이 쩌억 벌어진다

삶을 초콜릿 개수로 세니
초콜릿 개수만큼이나 달콤해지는 40년
남은 삶은 초콜릿 개수로 세자
하루하루가 달콤해지도록

할머니가 보았다

네 눈에서 반짝, 하고
별 하나 뜨는 것을 할머니가 보았다

네 입가에 민들레꽃이 피듯
웃음 한 송이 피는 것을 할머니가 보았다

이야기 들을 때마다
네 마음이 활짝 열리는 소리
할머니가 들었다

두 팔로 막았다

할머니가 나가는 문을
두 팔로 막았었다
새순같이 여린 그 팔이
무슨 큰 힘이 될 거라고
요새를 지키는 장군같이 소리쳤다
"이야기 한 번 더 해 주고 가요! 한 번 더 해 줘요!"
문을 막아 선 그 여린 팔을 풀고
갈 길도 잠시 멈추어 놓고
이야기 주머니를 또다시 푼다

서로 문을 열어주겠다는
새순들의 소요 뒤로
쏟아지는 환한 목소리
"할머니, 다음에도 두 개 해 줘요."
'두 개 해 줘요'가 할머니 주름살을 두 개나 펴 줬다

그리운 날엔
당신이 시가 된다

2부

나에게

봄 오는 길

봄은 소리 내지 않아도
내 삶의 마중물이 되어
졸졸 스미어 오고

기지개를 켜는 여인의 가슴앓이는
간밤 비새에게 들켜버린 양
먼 산허리에 올라가 있고

겨울이 봄을 낳듯
그리움이 오고 가는 길이 있다면
저녁노을에 물든 아련한 너의 미소
가슴으로 스미고

꽃이 바람에게 부드러운 입맞춤하면
봄은 어느새
내 여린 입술 위에서 반들거린다

유채꽃 나들이

꽃잎의 물결이 사람의 물결이 되고
노오란 유채가 손짓을 하면 눈도 가슴도
노랗게 물들어

천진한 웃음까지도
아낌없이 선물하는 꽃들의 축제에
추억마저 노랗구나

기지개 켜는 봄 들판에 앉아
내가 봄을 먹었는지
봄이 나를 먹었는지

가슴을 채우는 꽃들의 향연에
벅찬 가슴 재워 두고 다음 해에도
오마고 약속한다

화사한 봄꽃처럼
향 맑은 이들과 함께라면
더욱 좋으리

동무 생각

나의 소녀야
내 핏줄 속을 타고 도는 너는
황혼이 가까워도
나를 소녀이게 하는구나

짧은 단발머리
단정한 교복에 풀 먹인 하얀 칼라
검정색 운동화
우리들의 푸른 시절이었지

흑백 사진 한 장 남기지도 못하고
어딘가에서 조금씩
늙어가고 있을 소녀야

주름진 얼굴이라서

빛바랜 머리카락이라서

사무치도록 그리운

나의 동무야!

하얀 달밤에 박꽃 같은 웃음으로

너는 나를

나는 너를 가만히 마중 나서자

봄꽃

겨울을 뚫고 내민 초록이 눈을 뜬다
발가벗긴 외로움 속에서도
키 크는 나무처럼

아침 산은 온통 나무들의 입김으로 가득하다
칼바람에 속살을 내어주고도
봄을 잉태한 거룩한 고고함

아픔과 동거한 초록에게
그래도 네가 있어 행복했다고
서로의 손짓으로 가지를 엮는다

레일 위를 걷다 뛰다
너에게로 가는 길을 잃어 한참을 헤매다가
거울 앞에 앉으니
네가 먼저 와서 웃는다

빨강과 하양의 중간쯤에서

따뜻한 분홍이 되는 어디쯤에서

이젠

나만의 봄꽃을 피워 보련다

계절과 나

연둣빛 새싹들이 초록으로 창을 여는 봄날엔
내 마음 초록이 된다

뜨겁게 타오르는 여름의 태양 아랜
태초의 모습처럼 이브이고 싶고

한 아름 고목에도 황금빛 노을이 드리워지는
가을엔 갈대숲 오솔길을 함께 걸으며
빈손을 잡아줄 그리운 얼굴 하나 만나고 싶다

한 해가 지나가는 겨울의 창가엔
기억할 수 있는 벗들에게
다정한 사연들을 나누고 싶다

흰 눈이 내려와 창을 두드리면
나도 누군가의 여인으로 다가가고 싶다

칠월에는

칠월에는 더욱 정갈한 여인 되게 하소서
오직
한 목소리로 사랑하게 하소서
청포도 방울에 희망을 담아
기다림의 침묵을 가르치게 하소서
칠월에는 부푼 가슴 하나로
임 오시는 들녘에
분홍빛 노을 되어 타게 하소서

달

전설로 내려앉은 금 쟁반이
환하게 가지 위에 걸렸네
첫사랑 소녀의 창가에도
자장가로 팔베개한 어머니의 품속에도
달은
꿈도 한 아름
시도 한 아름
사뿐히 부려놓고 조심조심 간다

간이역

너와 나 사이에 간이역이 없었다면
우린 만날 수 있었을까

너와 나 사이에 간이역이 없었다면
우린 헤어질 수 있었을까

무지갯빛 상념들이
아지랑이로 피어오르는
간이역 벤치 위엔
너의 입김이 안개 바람 되어
하늘하늘 나그네 등 뒤에서 넘실거린다

비

하늘이 많이도 서러웠나 보다
온종일 울고도 서러움이 남았네

기다림

그리워할 수 있는 시간을 갖자
구름도 가끔은 햇살 품으로
숨바꼭질하더라

나에게

부딪혀 보는 거야

시작 앞에 항상 두려움이 나를 흔들지만

두 주먹 불끈 쥐고 지켜왔던 안간힘

세상 앞에 당당히 서 보는 거야

참아야 해

눈물 꾹꾹 누르며 견뎌야 해

바람 부는 들판에도 서 보는 거야

담금질로 더욱 견고해진 고독 데리고

세상 앞에 당당히 서 보는 거야

눈물 초 1

오늘은 커튼 내리고 촛불을 켜자
아픈 만큼 흔들리며
자신을 녹여 눈물을 쏟아내는
눈물 초 축제를 열자

밤이 주는 편안한 정적靜寂 속에
한 자루 초처럼
자신을 밝히며 내 속에 살고 있는
또 다른 나를 만나자

낯선 나의 모습, 속절없이 보낸 시간들
눈물 초 따라 흐느끼며 반성문을 쓰자

또 가을날에

외로움 하나 데리고 걸어도 좋은 가을 날
하늘의 명주실 같은 구름으로 떠돌다가
카페 한쪽에 자리 잡았네

마주 보는 의자가 눈을 맞추니
그래 그래 혼자가 아니지
아직 내 속에 살고 있는 그 사람을 불러냈어

추억의 실타래를 조금씩 잘라내어 잔에 올렸더니
둘만이 간직했던 소중한 언어들이
보물처럼 쏟아지며 또 울보 아이로 만든다

새벽길

너에게로 가는 길은 멀기도 하고
나에게로 오는 길이 험할지라도
서두름이 없기를

애틋하게 숨어버린 황홀한 고백 하나
주머니에 넣으면
재 넘어 젖무덤 능선 따라 너의 입김 피어오르고

조각난 밀어들이 안개 바람 되어
백발로 더듬어 오는
뽀얀 새벽이 기지개를 켠다

두고 온 내 유년이 거기에 머물고
나의 너는
언제나 넘실대며 그림자 하나만 내밀어 놓는다

나를 만난다

혼자 견뎌야 하는 시간이 쌓여간다
상처받은 마음을
어찌 커피 한 잔으로 달랠 수 있겠냐마는
향기에 이끌려 이곳에 오면
내 안의 작은 나와 만날 수 있어 좋다

창가에 기대고 앉으면
습관처럼 잔소리로
나의 어리석음을 지적해댄다
나의 꾸지람을 즐기는 시간

입가에 미소까지 두르는 여유도 함께
찻집을 나서면
작은 들꽃들이 아는 듯 모르는 듯
고개를 끄덕여 준다

철없는 아이처럼 빙그레 웃고 있는
나를 내가 또 만난다

전어랑 꽃게랑

바람난 여편네처럼
기웃기웃 돌아다니다가 남포 문구서
시집 하나 사들고
자갈치 비릿함에 이끌려
팔딱이는 전어 한 소쿠리 사고
서방님 좋아하는 꽃게가 숨을 몰아쉬며
손짓하기에 그것도 한 소쿠리…
검은 봉지 안에서 살려 달라 아우성치지만
못 들은 척 못 본 척
벌써 단침이 고인다

시

가슴으로 잉태하여

가슴으로 태동을 느끼며

가슴으로 낳아서

가슴앓이로 떠나는 긴 여정

하얀 새벽길 아무도 밟지 않은 눈길을 걷는 것

산마을

마음이 몸을 지고 가는 길
바람이 내어 준 길 따라
감빛 노을 자락에 몸을 기대고 망망한 웃음 즐기는
어진 이들이 모여 사는 산동네 사람들의 굴뚝엔
몽글몽글 연기가 피어오른다

꼭 산동네 사람들을 닮은
몽글몽글한 저녁연기

그리운 날엔 당신이 시가 된다

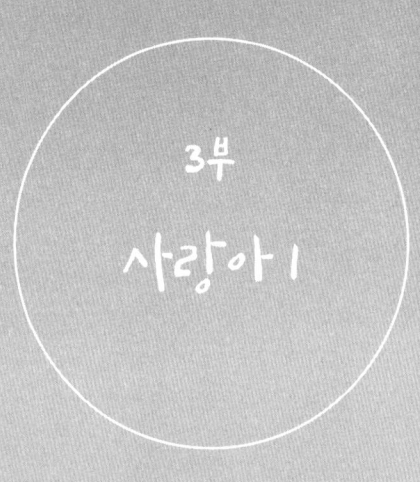

3부

사랑아 1

사랑아 1

사랑 속으로 걸어오는 너의 모습을 본다
신비와도 같은 것
인연이 운명으로 바뀌던 그 순간
사랑아!
뜨겁게 불타던 나를 본다

너의 영혼이 돌아앉아 옷을 벗는 마지막 순간
너의 살냄새가

네 방 앞에 서면
낡은 구두에 내 발을 넣으면

난다
너의 살냄새
너를 보내던 마지막 순간의 그 냄새
난다 난다…

미안하오

미안하오
이런저런 이유로 혼자 밥 먹게 해서
그대 없는 밥상
혼자 덩그러니 마주해 보니
진수성찬 소용없구려

당신이 좋아했던 꽃게 된장찌개
엄지 척을 몇 번이고 해줬을 당신이 생각나
은수저 곱게 닦아 마주 봅니다
어때요?
아직도 내 솜씨 그대론가요?

길

가을꽃이 손짓해서 따라나선 길
임의 발자국 찍혀 있을 길 따라
그리움 꾹꾹 눌러 주머니에 넣고
울지 않으리라 깨문 입술
핏빛으로 번지는데
언제쯤 이 길 울지 않고 걸을까요
가을꽃이 출렁여서 돌아앉은 길 위에
다정하게 주고받던 말들이
종종종 내 뒤를 따라옵니다

애심

봄은 휘어진 임의 어깨 위에 기지개를 켜고
앵두로 익어가는 애끓는 가슴은
분홍빛 입술만 달라 보채고
철없는 계집을 어쩌란 말이오

서산에 걸린 해는 석류 알처럼 붉게 터져 쏟아지고
그리움 알알이 박힌 상처
피멍울로 아린들
임 오는 길섶에 서서
오색실 타래 엮어 무지개를 놓으리까
은구슬 실에 꿰어 햇살로 맞으리까

곱고도 예쁜 이야
해 저물면 어이하오
오시려거든
부디 저 해가 지기 전에…

세월

다만 긴 한숨일 뿐
조용한 눈물도 머금지 않는다
어두운 늪을 지나 너의 강에 닿으면

은빛 물무늬 그림자 하나
바람이 깃을 세우고
지나가버린 날들
초 한 자루에 세월을 켜고

하늘 아래
눈물 말리면서 절규에도 통곡에도
아파하지 않는다
다만 흔적일 뿐

오만한 너의 강은 오늘도 흐르고
강지기 나루터에
너의 그림자만 일렁인다

너를 만난다

너는 채워지지 않는 그릇 위로
언제나 넘실댄다

그리움이 있는 거리
두고 간 것들만 아름다운 거리에
가득 찬 너의 모습
너는 언제나 나를 향해 있었지

노을이 놀다 간 주홍빛 바다 위에서
만난다 너를
피어오르는 저녁 하늘에서
또 만난다 너를

그리움이 된 너의 모습이
행복한 소년 같아 좋기도 하지
쓸쓸한 소년 같아 밉기도 하지

너의 향기

가을을 베고 눕고 싶다
내밀어도 잡아줄 손이 없는
마음 허허로운 날
너의 향기가 그립다

부르면 달려올
내밀면 잡아줄
어딘가에 반쪽의 네 얼굴이 있었는데

그 한 사람 향기
몹시도 그리운 가을 저녁

독백

그렇게 아파했던 세월 속에도
누군가로 채울 수 있는 가슴 하나 비워 두었다니
내 속엔 철없는 아이 하나 자라고 있는 걸까

인연은 소리 내어 오지 않는다
그림자처럼 화선지에 번지는 수묵화처럼
인연은 그렇게 스며든다
누군가에게 문득 기도드리고 싶은

빈 가슴 채워갈 벗 하나 맞이했으니
이 소중한 충만을 그대에게 보낸다

눈물계

울고 싶어서 울었다
철없는 아이처럼
눈물계를 꺼내 재어본다

아, 순도 100%
그게 내 눈물의 온도다

더 흘려도 된다고 한다
눈물은 순수하니까

내 삶의 또 다른 이름 나의 눈물이여
사람 속에서 참았던 것
말들 속에서 참았던 것
다 내려놓고
순도 100%의 나와 만나는 시간

마음 놓고 울어라

소리 내어 울어라

울어서 가벼워진다면

울음을 타고 날아갈 수 있다면

어떤 이별

외로움은 그리움 되고
그리움은 외로움 되어 떠돌다
낯선 돌부리에 부딪히며
허허로운 바람 되어
언약도 잊은 채 어디론가 사라지는 것

만날 수 있을 때 만나고
사랑할 수 있을 때 사랑하자

웃으며 손을 흔드는 것도
다시 만날 날들이 남아 있기 때문이라지만
손 한 번 흔들지도 못한 채
돌아오지 않는 사람의 마지막 절규가 쌓여
시가 되는 밤

허무

실바람에 실려 오는 그리운 이름 하나
은빛 아침에 나와 함께 기지개를 켜지만

빈 가슴은 언제나 그대 향한 낡은 지팡이

그림자만 길게 내린
나그네 터벅 걸음으로
그 이름 하나를 붙잡고
걸어간다 오늘도

전화벨 소리

이제는 빈 가슴
내어줄 것 하나 없는데
어쩌자고
그대는 자꾸만 칭얼댑니까?

작별

조용히 피었다가
쓰러져 버릴 줄 아는 가을 꽃자리
계절의 눈빛만 보고도
가야 할 시간을 알아버린 갈색 숲

잎은 찢기어 낙엽 되어
바람 속에 떨고 있는데

친구야!
너는 무슨 말로 이 숲과 작별하려고
그다지도 서두르는가

떠나보낼 준비가
되어 있지 않은데…

눈물 초 2

빛살의 몸짓으로
바람으로 왔다가
번외番外의 가지 송이 말끔히 내려놓고

눈물 초 한 자루에 세월 담아
흩어진 언어에 불을 지피면

사슴처럼 젖어드는 시린 눈으로
언제나 부족한 시간의 모래 위에

내 하늘
내 입김 가까이 와닿는 날
휴식처럼 편안한 그런 밤을 맞으리라

배려

독수리의 눈으로
학의 넓은 날개로

나는
오늘도 너의 문 앞에서
이슬처럼 젖어서 너를 지킨다

푸른 아침의 창이 열리면
날개 속에 품었던
너를 내려놓고

깃털처럼 가벼운 날갯짓으로
멀리 구름 되어 가만가만 흘러가고 싶다

내가 사랑하는 당신은

채워도 채워도 하얗게 비워
창백한 고백처럼 보고 싶은 사람아!

가을 흐르는 갈대숲은
달빛 받아 출렁이는데

나란히 한세상 흘러가는 동안
마주 보며 살자던 그 언약 하나

진물 나도록 애타는 그리움이 되어
갈대숲에서 가만히 삭이고 간다

등불

달빛이 품어낸 은쟁반 아래
오색 등불 덩실대는 조계사 앞마당

흩어진 마음 모아
그대 이름 석 자 적어
그대의 나라에 띄웁니다

언제 도착할지 모르나 부디 반갑게 받아 주세요
비밀스런 이야기도 담았습니다

그대 향기

그대 그리울 때는
외로움 지켜줄 별 하나 찾아
아득한 밤하늘을 바라봅니다

우리의 젊은 날들이
추억의 실타래가 된 별자리
아직도 못다 한 말들 별빛만큼 도란거리는데

그대 향기로 찾아가는 우리의 별자리
추억의 보석함 하나 하늘에 두고
오늘도 밤하늘 바라봅니다

가로등

하루치의 연극이 막을 내린 거리

앙상한 겨울 밤 스산한 바람이 온몸을 스친다

옷깃을 세우고 총총히 걸어서 집 앞에 도착하면

그대 가로등에 기대어 기다리고 있네

그대 따뜻한 불빛으로 나를 맞아 주네

무거운 그림자 데리고 혼자 돌아오는 저녁

내가 걸어가는 낯선 길마다

따뜻한 등 하나 켜 들고

세상의 모든 가로등 밑에 서 있는 그대여

오늘도 나를 기다리고 서 있는

하늘 사람 그대여

그리움 1

그대 그리울 땐 하늘을 본다
들꽃 한 아름 사뿐히 내려놓고
저녁노을이 목말라 보듬어간 사람

밥 짓는 저녁 냄새 퍼지면
그대를 불러 본다
고등어 굽는 냄새 퍼지면
방문마다 열어 본다

그대 떠난 자리에도 세월은 흘러
빛바랜 머리카락
그 위로 내려앉은 삶의 무게들

산다는 건 심장이 뛰고 있는 것
산다는 건 그리워할 수 있는 것

꿈길에 그대 다녀간 날은

거울 앞에 앉아 본다

포도주 한 잔 채워 놓고

포도주색 립스틱 뚜껑을 열어 본다

그리움 2

그대 그리울 땐 하늘을 본다
당신의 기억이 희미해질 때까지
나만의 하늘에 수를 놓는다

당신의 깊은 잠 속으로
살그머니 다가가고 싶어서
하늘 한 자락 물들이는 노을이 될까

당신이 어느 곳에 있는지
떠나고 난 뒤에야 수없이 쓴 편지
비로소 사랑임을 깨닫는 순간들
한 땀 한 땀 보석처럼 주워들고
하늘 들녘 그 어디를 헤매어 본다

그리운 날엔
당신이 시가 된다

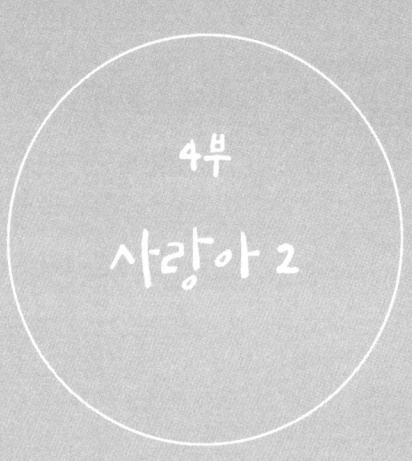

4부

사랑아 2

천상 재회

자네도 가을바람이 차가운가
가슴이 뜨겁고 마음은 설레고
마주 앉은 사람 냄새가 그리운 우리는 친구

막걸리 한 모금에 추억도 한 모금
너털웃음 웃으며 주름진 모습들은
세월이 준 선물이라
눈물도 웃음도 추억이 되고

하늘이 목말라 부를 때 구름 동무 되어
행여 내가 먼저 시린 손 내밀면
어느 시인의 말처럼
소풍 나온 기분으로 뜨겁게 내 손을 잡아주게나

천상의 꽃밭으로 내 그리워 찾아오는 날
노을빛 구름 이부자리 펴 놓고
나 또한 기다리겠네…

아지랑이

또다시 오고야 마는
그 봄이 서러움이란 걸
이제야 알았다

멀미처럼 피어오른 아지랑이 숲길을
혼자 걸으니
그대가 가물가물
아지랑이 뒤에 숨어 있어

여기가 어디인가
내가 하늘 동네 그 어디를 헤매고 있는가

안녕하냐고?

내게 안녕하냐고 묻는다
글쎄올시다
그 흔한 안녕, 안녕이 사라졌네요

반쪽을 잃었다는 것이 믿어지지 않아
반나절을 혼자서 울고 다니는데
당신의 온기는 어디에도 없고
방금 막차를 놓쳐버린 처절한 허탈

어둠의 거리를 타박타박 걸으며
나의 안녕은 어쩌라고요…

가을이 준 선물

가을비 소리가 유난히 정겹다
음악이 있고 그 곁에
너를
채울 수 있는 가슴이 있고
마주 보는 빈 잔 하나
얼마나 좋으냐

마음껏 쓸쓸해도 용서해 주는 가을

첫눈

윤기 흐르던 젊은 날의 흔적은 간데없고
둥지 틀다 들켜버린 까치처럼
놀란 가슴 추슬러 거울 앞에 앉으면

검은 밤을 하얗게 수놓던 말들이
하늘하늘 첫눈 되어 쌓인다

주소를 다오

하늘에서 비수 하나가 떨어져
사랑의 말들을 갈라놓았다

사랑하는 나의 하늘아!
그럴수록 너를 품어 안으며
먹구름 비구름 걷어내고
무지개 연줄 하나 만들어
너에게로 간다

너를 위하여
정갈한 미소를 준비할게

안개 바람
비에 젖은 말 한마디
…우리
너를 찾아갈 주소를 다오

사랑아 2

사랑은 때론 투정쟁이 아이가 된다
사랑 앞에 서면 솜사탕이 먹고 싶다가도
막대 사탕을 입에 넣어 단침을 삼키고 싶은 것

영화 볼까? 아니 아니
뮤지컬 볼까? 아니 아니
결정도 하기 전에 달아난 하루

투정만 하다가 혼자가 되면
을지로 노가리 찾아 헤매는 신세

아무 일 없이 깔깔대다가
바다 보러 갈까 산을 오를까
끊임없이 질문하고 대답하던
그 사랑이 그립다

감사

젊은 날엔 당연한 게 많았는데
60대 들어서니 감사한 게 많다
내게 와준 하루들이 감사하고
아침에 눈 떴을 때 살아 있음이 감사하고
오늘 하루를 설계할 수 있음에 감사하고
독거노인 도시락 나눔에 동참하는
나의 땀방울에 감사하고
이 아름다운 순간에 동참할 수 있는
나의 건강에 감사한다

숲의 유혹

겨울을 기다리는 숲은
저마다 한 해 동안 살아 온 이야기를
단풍으로 보여준다
빨강네, 노랑네, 갈색네…

귀 기울이면
살랑살랑 나무들의 몸짓으로
조곤조곤 나무들의 목소리로
빈 둥지를 남기고 떠난 새들을 위한 기도

작은 꿀밤 한 톨마다
햇빛 꼭꼭 채워주어
다람쥐 청설모에게 선물로 보낸 날은
가슴이 가득 차서 잠 못 들었다지
나무들의 세상살이도
기도로 보내는 건 처음 알았네

마을로 내려와 올려다보니

숲은 이미 고단함에 잠들고

나무들의 이야기 귓전에 남아

되살아난 설렘

나만 잠들지 못하네

첫 기일 忌日

임이여!
깨어나 언 손을 잡아주오

임 가시는 걸음 뒤로
태산 같은 아쉬움 남기고
고향 땅 양지바른 그 언덕이
그토록 편안하여
긴 잠에 드셨나요

문 열면 아직도 현관에 서 있는 당신
잠시라도 잊은 적 없음에
그 미소 앞세우고 꿈에라도 와 주오

봄볕 화사한 어느 날
환생하시듯
딩동딩동
선잠 깨우며 들어와 주오

날갯짓

처음 만났을 땐
하늘과 땅이 하나였다
누가 감히 선을 그었는가
너는 하늘의 사람
나는 땅의 사람

검은 머리 흰서리 내리는
그날까지
마주 보며 살자던 약속
누가 선을 그었는가
너는 하늘의 사람
나는 땅의 사람

너에게로 가는 날
무슨 선물을 들고 갈까

하늘 사람 그리운 날마다
하늘 향해 날갯짓한 일기장 한 권
하늘과 땅이 만나는 날 읽어 보셔요

그날

이왕이면 더욱 파삭 늙어버려야지

백발 성긴 머리카락에 검버섯이 꽃피고

돋보기로 세상을 봐도 온통 별밤이어도 좋을

텃밭에 봉숭아 꽃씨를 뿌려 늙은 손톱에 물들이고

첫눈과 함께 그대가 올 거라

해 저문 들녘에 서서 은빛 머리 손질하며

가끔은 철없는 소녀로 남아 있었으면 좋을

서로의 거울이 되어주기도 하며

둥근 소리 모난 소리도

듬성듬성 빠진 이빨 사이로

껄껄 웃음 깔깔 웃음도

마주 보고 나눌 오랜 벗 하나

바람의 길을 따라 두고 갈 것들에 대한 고마움과
살아온 세월의 감사함을 함께 느끼며
셈이 빠른 사람보다 한 박자가 늦어
천천히 걸어온 사람

내 귀 먼 날
내 눈 먼 날
곱게 단풍 든 가을 벤치에 앉아
하늘 한번 올려다보며 나지막한 소리로

선아! 오늘은 유난히 네가 그립데이…
네가 그런 벗이었으면 좋겠네

하늘과 땅 사이

당신을 잃고서야
비로소 세상 보는 눈을 가졌습니다
부부의 연으로 자식을 낳아
그 어여쁨 같이 바라보며
때로는 눈물로, 웃음과 기쁨으로
마음 하나가 되었던 우리 세 식구

당신을 보내고
365일을 딸과 함께 당신에게 편지를 얼마나 썼는지요
부칠 곳이 없어서 당신 영정 앞에 쌓여만 갔지요
읽어 보셨는지요?
사계절을 고스란히
당신이 남긴 추억 상자 꺼내보며
좋았던 기억만 건지며 살았습니다

준비 없이 부모가 되었던 철부지 우리

소꿉놀이 같은 부모 역할에

우리를 앞질러 훌쩍 커 버린 딸

너무나 대견해 차라리 숙연해진다던 딸과

우리 1년 만의 재회

조계사 스님의 우렁찬 불경 속으로 걸어서

우리에게로 온 당신

딸아, 미안하다 하얀 드레스 입혀 손잡고 결혼식에 들어가야 하는데

그 약속 못 지켜 미안하다

당신, 검은 머리 서리 내릴 때까지 지켜주지 못해서

미안하다 미안하다

당신의 흐느낌을 손끝에 느끼며

돌아와 거울 앞에 서니

이제 당신에게 참회할 나의 시간
꽃의 종류와 뿌리의 깊이도 모르면서
내가 좋아하는 색깔로만 피어달라고 조르던
지난날들이 부끄럽기만 합니다

그대가 나의 스승인 줄
그대를 보내고 깨달았습니다

당신은 오지 않는다

그대 그리울 땐 하늘을 본다
당신의 기억이 희미해질 때까지
당신의 기억으로 하늘에 수를 놓는다

당신의 깊은 잠 속으로
오늘 밤엔 한 걸음 다가가고 싶어서
당신을 찾아 헤매다가 돌아오는 밤

당신은 오지 않는다
당신은 오지 않는다

그 문패 그대로인데
당신은 오늘 밤도 주소를 잊었는지
돌아오지 못한다

새벽이 되도록
오늘도 돌아오지 못하는 당신은
어느 고운 자리에 잠들었는가

그리운 날엔 당신이 시가 된다

5부

은빛 풍경

은빛 풍경 1

"여사님, 오늘 내 밥은 챙기지 말우."
내 손을 잡으며 머리맡에 둔 꽃무늬 셔츠와 얌전히 놓아 둔 흰 양말을 보여준다

"어디 가시려고요?"
"오늘 내 팔순 생일 아이가. 아들 며느리가 날 데리러 올 끼다."
"참 좋으시겠네요."
"여사님은 혹시 그런 차 타 봤는가? 내 아들 차는 앉으면 허리가 뜨끈뜨끈하고 말도 못하게 편하고 좋데이. 그 차를 태워 맛있는 것 사 줄라고 올끼다."

아침을 지나 점심때까지도 할머니는 창밖을 내다보며 아들 차를 기다리느라 두 끼 식사를 걸렀다
늦은 저녁이 되자 가랑비가 조금씩 내리기 시작했다
이 시간마저 놓치면 할머니는 저녁도 못 드실 거란 생각에 걸음이 떨어지지 않았다

바로 그때 할머니가 외쳤다

"아이고 내가 망령이지. 가랑비라도 내리믄 절대로 운전하지 말라고 당부한 걸 그만 깜빡 잊었구마. 우리 효자 아들이 비가 온다고 안 온 것도 모르고 원망만 했으니 우짜믄 좋겠노?"

방마다 돌아다니며 어미의 생일을 챙겨주지 않은 자식을 애써 변명하는 할머니의 작은 어깨는 더욱 움츠러들었다
'아, 자식이 뭐라고…'
이것이 어머니구나 눈시울이 시큰해온다

은빛 풍경 2

"안녕하세요? 안녕하세요?"
눈길만 마주쳐도 인사하는 은빛 천사님,
올드미스 국어 선생님의 손엔 늘 시집이 들려 있다
나를 발견하면 손을 잡아끌어 앉힌 후 열리는 그녀만의
작은 시 낭송회
차분한 목소리로 읊어 주는 시를 듣고 있으면
젊은 날 그의 모습이 절로 그려졌다

"이 시는 내가 참 좋아한 시야."
"이 시를 읽어 주고 싶어서 기다렸지."

시집을 넘기다 가끔 읽어 주던 시와 마주하게 되는 날엔
지금도 누군가에게 시를 들려주고 있을지
고운 목소리의 그 은빛 천사님이 생각난다

은빛 풍경 3

봉사하는 마음으로 가도 가끔 쉽지 않게 깐깐한 할머니를 마주할 때가 있다
발레리나로 통했던 할머니
젊은 날 유명 발레단의 무용수였다는 할머니는 침대 위에서도, 밥을 먹으면서도 혼자 흥얼거리며 우아한 춤 동작을 멈추지 않았다
아직도 몸짓이 예사롭지 않은 늙은 발레리나

"많이 먹으면 동작이 나오지 않으니까…"

부끄러운 듯 숟가락을 내려놓으며 멜로디를 따라 선을 긋는 손가락
그 순간 젊은 날 빛났을 한순간이 손가락 위에서 반짝 보였다

세월이 흘러도 무용수의 머릿속엔 쉼 없이 음악이 흐른다

은빛 풍경 4

"창문을 좀 열어봐줘요. 지금이 가을이라지요?"
"네, 가을이에요."
쾌적한 산 공기를 크게 들이마신다
"지금도 산은 울긋불긋 고운가요? 가로수 은행잎들은 노랑인가요?"
"바람 불면 젊은이들이 은행잎을 밟으며 사랑을 속삭이나요?"
녹내장으로 앞을 볼 수 없는 화가 할머니,
"그럼요, 그럼요. 하나도 변하지 않았어요."
할머니의 가을빛을 지켜드리고 싶어서,
'곧 겨울이에요.'
이 말을 차마 할 수 없었다

알록달록 꽃무늬 고무줄 바지 사서 할머니께 입혀드렸다
"이 바지 속에 할머니가 좋아하시는 색이 다 들어있어요."
내 얼굴을 더듬어 볼에 부비며,
"여사님, 이 좋은 살냄새 기억할 거야."

할머니는 저세상으로 갈 때까지 꽃무늬 바지를 입고 계셨다
고 한다

인생에서 가장 찬란했던 한순간만은 사라지지 않는구나
책갈피 속에 고이 넣어둔 단풍잎 한 장으로
남아서 남아서 마지막까지 삶을 지탱해 주는구나

어르신들이 주신 은빛 보석 한 아름 안고
가을 산허리를 밟고 내려왔다
빨래판 같은 주름 사이로 사랑이 스미고
훈장 같은 늙음이 아름답기도…

시인의 말

사랑아, 보이시나요?

내게 있어 시란 어떤 것이냐고 묻는다면…

사계절을 가슴으로 잉태하여
가슴으로 태동을 느끼며
가슴의 진통으로 낳아서
가슴앓이로 떠나는 길고 긴 여정입니다

이렇게 말하고 싶다

그 여정에서 그를 잃었다
길 위에서, 군중 속에서,

내가 잃어버린 단 한 사람
내가 가졌던 단 한 사람
잃고서야 비로소 그를 찾아 헤맨다

시집 출간을 가장 응원했던 그 사람
시집의 이름으로 돌아온 약속입니다
사랑아!
들리시나요?
사랑아!
보이시나요?

2021년 가을 한두선